Fabienne Perpète

TU SERAS TOUJOURS MON ETOILE

En hommage à mon père et
à mon grand-père

Je me lève sans faire de bruit pour ne pas
réveiller ma petite soeur Christine, qui a 4
ans. Je me dirige vers la fenêtre, couverte
d'étoiles gelées.
- Oh non ! il neige.

Parce que les feuilles ont livré leur dernier
soupir sur le silence de la nature endormie,
que le ciel pleure des larmes blanches,
l'hiver est arrivé. Je vais devoir partir avec
Émile pour me rendre chez mes grands-
parents paternels, où je passe tous les
week-ends et les vacances scolaires.

Papa a déjà allumé le feu, ça sent bon le
café et le bois qui brûle dans le poêle.
J'adore cette ambiance douce et
réconfortante que je partage avec mon
père. C'est un peu mon ange gardien
quand maman me crie dessus.

Winenne

En route

Me voilà donc dans le camion avec le marchand de fruits et légumes, et je suis un peu mal à l'aise. C'est la première fois que je voyage avec mon voisin.
Le mauvais temps a incité mes parents à me confier à lui.
Chaque samedi, il approvisionne les patelins aux alentours de Winenne, mon village.

C'est un brave homme, mais je côtoie plus souvent sa femme Georgette, qui dirige l'épicerie à côté de chez moi. Dans son tablier bleu, qu'il revêt par-dessus un gros pull, il parle peu. Je suppose qu'il préfère

se concentrer et rester vigilant.
Du coin de l'œil, il m'observe de temps à autre. Il a probablement deviné que je m'ennuie, mais rien ne le perturbe, même pas les soupirs et mes gestes d'impatience.

J'admire ce magnifique paysage où les flocons valsent sur la mélodie du vent et se posent sur le squelette des arbres. Un corbeau reste immobile, amusé par les petits papillons blancs qui s'échappent et s'envolent à sa place. C'est un spectacle féerique, quand on prend la peine de s'y intéresser.

J'aperçois enfin les cheminées fumantes des premières habitations. Le camion s'arrête, et je suis contente qu'Émile m'autorise à klaxonner longuement pour avertir les clientes de son arrivée.
À peine le temps de soulever le volet arrière qu'elles sont déjà là, pieds nus dans des galoches enfilées à la va-vite, à s'agiter comme des poissons hors de l'eau pour être les premières à choisir les plus beaux

produits et à papoter encore et encore. Moi, j'attends.

Il fera bientôt noir, et j'aimerais continuer à pied, mais je sais par avance qu'il refusera de me laisser partir seule. Pourtant, je connais un raccourci qui accède à notre verger, sans emprunter la voie publique, car nous le prenons mémère et moi, quand on va faire les commissions au magasin Spar, tenu par sa belle-sœur Simone.

Je suis à deux pas de chez eux et ça m'énerve encore plus, alors je me détends en dessinant des bonhommes dans la buée de la vitre, caricaturant mon chauffeur en lui donnant un sourire en V, puis je les efface.

Après une journée fatigante, Émile ouvre la portière grinçante d'un coup sec et me dit tranquillement :
- Tu es arrivée, ton voyage terminé. Allez hop, va vite les retrouver !

J'attrape mon baluchon et saute du

camion, tombant à genoux devant lui. Il me demande alors, si c'est le bon moment et le bon endroit pour prier. Il est pris d'un fou rire qui me gêne, et rouge de honte, je me relève en moins de temps qu'il ne faut pour le dire, et je détale comme un lapin, oubliant mes bonnes manières.

Je me tourne rapidement vers lui sans le regarder et, d'un geste de la main, je lui crie :
- Merci Émile, à bientôt !

Felenne

Je longe le mur de la ruelle où se trouve une porte que j'ouvre doucement. Mes deux trésors sont là, debout à m'attendre, heureux de me voir enfin.

- Voilà notre petite !

La petite, c'est moi, j'ai 5 ans.

Par habitude, je lance mon sac en dessous du porte-manteau mural aux multiples crochets avant qu'ils ne s'empressent de me serrer contre la chaleur de leurs bras, qui me réchauffe le corps, et la pluie de baisers inonde mon cœur. Ces instants de tendresse, je les ai imprimés dans ma mémoire pour qu'ils restent des souvenirs indéfectibles.

Hélas, la vie ne sera pas toujours aussi belle. J'ai appris à mes dépens qu'elle n'était qu'une foudre de chagrins et de bonheurs alternés.

Ils m'enlèvent le passe-montagne, les gants tricotés par ma mère et l'anorak acheté probablement en solde dans un catalogue. Ils parlent en même temps qu'ils me poussent vers la table, pour savourer la soupe au lait, comme l'appelle ma grand-mère, qui n'est autre que le potage à l'oseille.

Pépère beurre mes tartines, il m'enlève toujours les croûtes qu'il réserve pour les pauvres oiseaux affamés.

Entre deux bouchées, il me dit d'un air amusé :

- Saint-Nicolas va bientôt passer. Demain, je te présenterai à quelqu'un, mais il ne faut surtout pas que tu aies peur, il est très gentil.

Il suscite ma curiosité.

Je me lève et lui saisis les bras pour le forcer à se redresser. Il est évident que ma puissance physique est moindre face à sa carrure, mais je dois à tout prix le persuader.

- Allez, viens, on y va tout de suite.

- Oh que Nenni ! Il n'est pas là en ce moment, et puis tu es trop curieuse, allez mange !

Après le repas terminé, à défaut de frigo, je range les aliments sur les étagères du placard encastré dans le mur. Plus aucun son ne sort de ma bouche, il m'a mise de mauvaise humeur, surtout quand je l'ai vu faire des clins d'œil à mémère.

Après avoir ôté le drap qui recouvre la télévision, il l'allume et tourne la roulette sur le côté pour trouver la chaîne qui transmet le journal télévisé en noir et blanc, presque dépourvu d'image hormis celle du présentateur lisant son texte. Ils font partie des rares privilégiés à posséder cet appareil coûteux qu'ils bichonnent pour le maintenir en bon état.

Il s'installe sur la chaise près de la cuisinière, en parallèle au fauteuil de mémère, que je trouve un peu vieillot à cause de son cuir usé par-ci par-là. Mais elle aime son confort, et surtout les accoudoirs en bois ornés de gros boutons argentés pour dissimuler des clous.

Les bras croisés sur la table, je fixe le petit

écran en l'ignorant, mais il m'agace en jubilant derrière mon dos.

- Saint Nicolas te regarde. Si tu n'es pas sage, tu n'auras pas de jouets, et si, malgré tout, il t'apporte quand même des bonbons, je les mangerai devant toi, et tu n'en auras pas un seul.

Je me contente de hausser les épaules et lui rétorque :
- Je m'en fiche, je sais bien qu'il n'est pas là, et puis d'ailleurs, comment il fait pour passer par la cheminée sans se brûler ? Il a un seau d'eau dans sa poche peut-être ? Mes phrases, exprimées avec affront, le font réagir.

- Tiens, tu parles ? J'étais vraiment inquiet, je pensais que tu avais avalé ta langue.

Je le fixe droit dans les yeux, en espérant négocier.
- Réponds à mes questions, et je te laisserai tranquille.

Mémère, reprise des chaussettes, ses lunettes sur le bout du nez, elle nous écoute, amusée par nos taquineries. Quelques minutes plus tard, il accepte ma proposition et m'invite à le rejoindre en tapotant sur ses cuisses.
- Viens, m'blanc, je vais t'expliquer.

Avant de m'asseoir sur ses genoux, d'un geste triomphant, je retourne ma chaise, renforcée d'un gros coussin. Je lui soulève les jambes et les place délicatement dessus.
Depuis mes trois ans, j'accomplis ces gestes pour qu'il soit bien installé. Quand il apprécie ce moment de détente, son sourire suffit à mon bonheur. Il m'offre en retour, un cadeau inestimable que lui seul peut me donner.
C'est mon grand-père, et un attachement profond nous relie l'un à l'autre. Tout au long de ma croissance, j'éprouverai encore ce sentiment aux multiples visages, qui n'est autre que l'amour.

En cette période, personne ne se disait je

t'aime, a fortiori dans mon entourage proche, car, malheureusement, ces trois syllabes étaient absentes du langage de ma famille. Par pudeur, elle les emprisonnait dans une cage cadenassée, dont je cherche encore la clé aujourd'hui. J'ai souvent tenté, par tous les moyens, de la déverrouiller pour libérer ces mots tabous et enrichir la valeur de ma tendresse, mais tant que les gestes du cœur auront raison des paroles interdites, la serrure restera condamnée.
Rien ni personne ne pourra jamais me séparer de cet homme formidable, il est ma joie de vivre, mon seul guide, et mon meilleur ami.

Blottie contre lui, il me chuchote à l'oreille :
- Pour commencer, grosse bêta, sache que Saint-Nicolas peut se rendre invisible grâce à son manteau magique, donc il ne passe pas par la cheminée comme le Père Noël. Méfie-toi, peut-être qu'en ce moment, il te surveille.
Puis, d'un ton réjoui, il murmure :

- Maintenant, laisse-moi écouter les informations.

Cette confidence me sidère et me réconforte. Je réalise qu'il me voit enfin comme une grande. Une baguette enchantée me serait bien utile pour égaler le savoir de pépère. Malheureusement, ma liste de cadeaux est complète, et je devrai attendre l'année prochaine. Je sais qu'un jour, je découvrirai la vérité sur le saint homme, son âne, et leur compagnon à l'allure menaçante qui les suit partout.

L'émission terminée, après avoir mis mon pyjama, il dépose une carotte et un verre de babysham (vin mousseux alcoolisé) sur la cheminée.
Notre collaboration secrète me libère de ma chrysalide infantile, nous formons un duo parfait.
Pour m'impliquer davantage, je fais mine de me renseigner :
- C'est pour le magicien et sa bourrique ?
- Chut, ne parle pas si fort, il peut nous entendre, c'est une surprise.

- Quand est-ce qu'il apporte les jouets ?
- Le 6 décembre, plus précisément jeudi.
- C'est quand jeudi ?
Il fronce les sourcils, étonné que je ne
sache pas l'ordre des jours de la semaine.
- Eh bien ! Il est grand temps que je
t'apprenne à te servir du calendrier.
En sautillant sur place, je fanfaronne :
- Pas la peine, je connais déjà samedi,
dimanche, mercredi, et voilà !
- Minute papillon, ce sont les journées où
tu ne vas pas à l'école, ta réponse n'est pas
complète. Où sont les autres ?
- Euh ! Ils se cachent.
- Mais pourquoi ?
- Peut-être qu'ils ont peur de Saint-Nicolas
à cause de leur grand-père.
Après un bref moment de réflexion, il
soupire et prend un stylo.
Il me dessine un gros point noir sur les
cinq doigts de la main gauche et m'impose
d'en effacer un chaque soir, sauf le dernier
qui devra être supprimé avant de me lever.
Après avoir fini ses tatouages, il me
suggère :

- Evite de jouer dans l'eau et lave-toi d'une
main pour ne pas les enlever d'un seul
coup de gant.
D'une voix innocente, je lui réponds :
- Tu devrais m'en faire aussi sur mes doyes
(orteils en wallon), ainsi je pourrai faire des
grimaces avec mes pieds.

Avant d'aller se coucher, mémère sort la
brique brûlante, déposée dès le matin dans
le four du poêle. Elle l'enveloppe dans
plusieurs épaisseurs de papier journal,
qu'elle déposera sur les draps en molleton
de mon lit pour les réchauffer.

On monte l'escalier tous les trois et, à la
dernière marche, pépère me soulève pour
que j'accède au petit bénitier accroché au
mur, on fait le signe de la croix le soir et à
notre réveil. Ils sont très pieux et, tous les
dimanches, ils se lèvent tôt pour aller à la
messe, où je les accompagne parfois.

Après m'avoir bordé, pépère m'embrasse
sur le front, tandis que mémère dépose le
pot dans le coin, ce qui m'évitera d'aller au

cabinet la nuit, en dehors de la maison.
En tenant mon visage entre ses paumes,
elle me dit :
- Dors bien mi ptite fèye. (ma petite fille)

Elle s'en va, mais, aussitôt, je tire sur la
cordelette suspendue au-dessus de mon lit
pour allumer l'ampoule du plafond, afin
d'aller entrouvrir la porte qu'elle avait
refermée derrière elle.
Je crache sur mon doigt pour effacer la
première trace de stylo, puis j'éteins. Je me
retrouve dans le noir, où j'angoisse en
essayant d'analyser les bruits inaudibles en
plein jour.
Pendant la période hivernale, on dort dans
les chambres à l'arrière des deux autres de
devant, assurément plus grandes, mais ô
combien trop froides. Je n'aime pas cette
mansarde, je me sens à l'étroit, comme
dans un vêtement trop serré et trop petit.

Mon lit est contre le mur, sous la paroi
inclinée, face au grenier dans lequel se
sont invitées des souris. Malgré les pièges
posés par pépère, elles résistent et

s'acharnent à ronger et à déchiqueter tout ce qu'elles trouvent. J'ai la phobie de ces bêtes nuisibles, surtout les rats : ils me répugnent. Je n'ose imaginer la panique si je me retrouvais nez à nez avec l'un d'eux. J'en serais certainement traumatisée à jamais.

Dès la lumière éteinte, je les entends chicoter en concert avec le craquement du bois de l'étagère remplie de babioles. Tous ces grincements suspects m'inquiètent.

Je me cache sous les grosses couvertures, les pieds posés sur la brique, et je finis par m'envoler au pays des rêves.

Il fait encore sombre quand l'agitation au rez-de-chaussée me réveille. Je présume que mémère va venir me chercher pour partir avec eux. Effectivement, elle arrive tranquille, me caresse la joue avec sa douceur maternelle et me chuchote :

- Aujourd'hui, tu iras à la messe plus tard avec pépère, car ce matin l'église n'est pas suffisamment réchauffée pour que tu viennes avec moi. J'acquiesce cette formidable intention de me laisser dans mon cocon moelleux. Je referme les yeux. Je suis bien.

D'un coup, j'entends mémère chanter :
- Combien pour ce chien dans la vitrine, ce joli petit chien jaune et blanc...
Le tourne-disque tourne sans répit quand elle écoute ses 78 tours préférés.

Avant de descendre, je me signe, sans accéder à l'eau bénite.
Que c'est agréable, une journée qui commence en musique et dans la bonne humeur.

Elle prépare le café dans un moulin mécanique coincé entre les genoux. Elle y met les grains et les broie en tournant la manivelle.
La texture poudreuse, tombée dans le petit tiroir prévu à cet effet, est récupérée et placée par-dessus la chicorée dans le ramponneau (filtre à café en tissu) posé sur la cruche en terre.
Progressivement, elle verse l'eau bouillante

pour en conserver l'arôme, dont la bonne odeur se répand dans toute la maison.

La voilà maintenant qu'elle danse devant la grande glace ovale, aux contours dorés, accrochée au-dessus du poêle en faisant mine de se réchauffer les mains.
Délicatement, elle passe les doigts dans sa chevelure pour remettre en place une mèche rebelle.
Pépère s'approche en lui rabattant :
- Si tu continues à t'admirer, tu vas finir par l'user, ce miroir.
Mon grand-père a son franc-parler : il dit ce qu'il pense par des remarques désagréables, mais il sait qu'elles sont plus tolérées quand il les agrémente d'une pincée de moquerie.
Il expose ses propos avec finesse et respect, sans avoir besoin de crier pour se faire comprendre, et déclare volontiers que l'important, c'est reconnaître ses erreurs, car ce sont ceux qui ne font rien qui ne se trompent jamais.
Je l'adore tel qu'il est, et c'est

probablement de lui que me vient mon
sens de la plaisanterie.

Tous ces moments d'enthousiasme qu'on a
vécus remonteront plus tard à la surface,
comme un remède pour guérir ma peine
ou un poison me culpabilisant d'avoir
négligé le présent du passé.

J'ai oublié de dire que mon grand-père est
maçon et que grand-mère est cafetière.
Oui, vous avez bien lu !

Moi, à cinq ans.

Mes parents, pépère et moi dans les bras de mémère.

Tiens ! La carotte a disparu et le
verre est vidé, mais je n'ai pas le temps de
m'en préoccuper.
Je mange en deux temps, trois
mouvements et je cours rejoindre pépère,
qui prépare un passage pour les clients en
déblayant la poudreuse tombée cette nuit.
Dès qu'il s'aperçoit de ma dégaine, il lâche

sa pelle et me gronde sans crier.

- Sapristi ! Que fais-tu dehors, pieds nus et sans manteau ? Rentre vite t'habiller, tu vas attraper la mort !

- Cela veut dire que si je suis en pyjama, je peux l'attraper, mais pas toi ?

Je ne comprends pas très bien, mais ça me fait sourire. En guise de réponse, il se met à tousser et à éternuer sous mon regard chineur.

Il sort un bout de tissu roulé en boule de sa manche et se mouche si bruyamment qu'on dirait un éléphant barrir. En applaudissant, je ne rate pas l'occasion de riposter :

- On dirait bien que tu t'es enrhumé. Pourtant tu devrais avoir bien chaud avec tes bottes et ta veste, tu veux ma cagoule ?

Il ramasse son outil et, les mains croisées sur le manche, il me fait part de sa nouvelle fantaisie :

- J'ai bien envie de te déguiser en bonhomme de neige, ne t'inquiète pas, je m'occuperai des curieux qui devront payer pour regarder.

Grâce à toi, je me ferai quelques sous pour m'acheter des gosettes.

Malgré ces remarques cocasses, je lui rappelle son engagement :
- Tu dois me montrer quelque chose, j'espère que ta mémoire n'est pas restée collée dans ton mouchoir.
- Ne t'occupe pas de mon cerveau, va plutôt récupérer tes vêtements. Je termine mon travail et j'arrive.

Je suis quasiment prête, mais, au moment d'enfiler mes bottes, je découvre au fond de celles-ci une mandarine et une figurine en guimauve.
- Mémère, tu as vu ce que j'ai trouvé ?
Je lui montre ces gourmandises que j'apprécie, ce n'est pas tous les jours qu'on en reçoit.
Mémère regarde vers mes poches et me dit à voix basse :
- Cache-les, sinon elles vont finir dans le ventre de pépère. J'ai tout juste le temps de les dissimuler qu'il m'attrape la main et m'emmène au pied de l'échelle du fenil.

Il monte le premier et soulève la trappe au-dessus de sa tête.

Arrivé en haut, il me crie :

- Alors tu viens ? Abeye ! (vite)

J'hésite, mais ma curiosité est plus forte que la peur, et je dois lui prouver qu'effectivement j'ai bien grandi.

Les caisses de pommes sont déposées à l'entrée, ainsi que les confitures et des conserves réalisées avec les fruits du verger. Je zigzague entre les noix, mais, au moment où j'en saisis quelques-unes, il attire mon attention avec une demande étrange :

- Toc, toc, si vous êtes là, montrez-vous.

Je pressens qu'il s'adresse à celui que je redoute le plus.

J'espère qu'il n'est pas là, car pépère, resté derrière moi, me pousse vers un tas de paille étalé dans un recoin de la pièce.

Je ferme les yeux en me parlant à moi-même :

- Idiote que je suis de l'avoir écouté, je me suis encore fait avoir.

Au moment où je décide de faire demi-tour, il confesse tranquillement :
- Regarde, c'est ici que Saint-Nicolas se repose avec son âne, et tu as de la chance, à cette heure Père Fouettard dort encore.
Je cache mon angoisse en lui proposant de partir.

- Ecoute, les cloches sonnent. C'est l'heure d'aller à la messe.
Nous nous préparons, et, ma main dans la sienne comme deux amoureux, nous nous dirigeons vers l'église.

À peine entrés, il me fait les gros yeux : j'ai trempé mon gant dans l'eau bénite.
Puis on va s'agenouiller sur des chaises en rotin qui font mal aux genoux, et on suit la cadence sur les prières du curé. On se lève, on s'assoit, on baisse la tête, on chante et on recommence.
En fait, si je suis là, c'est pour rester près de pépère. Je ferais n'importe quoi pour le suivre.

À notre retour, mémère sert le repas dans

la vaisselle réservée pour le jour dominical. Tout est sur la table. Le menu se compose de salade, de rôti de bœuf et de cartouches, ou kartoffeln, probablement le seul mot en allemand dont ils se souviennent après la guerre pour désigner les pommes de terre.

Une heure plus tard, les premiers clients entrent dans le café. Ils se sont endimanchés comme les jours de fête. Demain, ils enfileront, pour toute la semaine, les mêmes habits protégés par un cache-poussière ou un bleu de travail.

Ils font l'élevage de lapins et de volailles. Quotidiennement, ils se procurent le lait et le beurre directement à la ferme. Ils évitent le gaspillage, car ils connaissent trop bien la valeur de l'argent difficilement gagné. Ils économisent en prévision des grands événements et font abstraction de toute dépense inutile.
Ils accommodent les restes des repas et le surplus est donné aux bêtes.
Rien n'est jeté.

Quant aux enfants, les plus grands de la fratrie bénéficient des effets neufs, qui seront portés ensuite par les petits derniers.

Les journées passent à toute allure. Je suis heureuse et comblée.

Le 6 décembre est arrivé, et je lèche les soupçons d'encre demeurés sur mon auriculaire avant de me lever. Comme d'habitude, je descends de l'étage à mon aise, sans m'imaginer un instant qu'une surprise m'attend.

J'ouvre de grands yeux émerveillés lorsque je découvre, sur la table ronde du salon, une superbe poupée aux longs cheveux blonds, revêtue d'une robe aux coloris rouges et verts.
Des bonbons, du chocolat, des spéculoos et mandarines sont éparpillés autour d'elle, comme des bons et joyaux sujets en admiration devant la reine.

Elle est si belle que je n'ose pas la prendre

dans mes bras, et bien entendu, pépère me bouscule en ironisant :

- J'admets qu'elle est mignonne, mais attention, l'habit ne fait pas le moine. Si ça tombe, elle a de grandes dents pour te mordre !

- Heureusement que tu n'es pas Saint-Nicolas, sinon avec toi, je n'aurais eu que des noisettes.

Il réplique aussitôt :

- Je crois que tu as oublié quelque chose.

- Ah oui ! pense à lui dire que l'année prochaine, j'aimerais avoir une baguette magique.

- Ce n'est pas ce que j'attends, où sont passées tes bonnes manières ?

- Regarde dans la bouche de la poupée, elle les a sûrement déchiquetés avant de les avaler.

Sans lui donner le temps de réagir, je crie : Merci, Saint-Nicolas !

L'après-midi est animée par la venue de ma famille.

Je suis contente de les revoir, surtout mon

père. Sa présence me manque, bien que son absence soit comblée par celle de pépère.

Christine reçoit aussi des jouets, mais elle se concentre plutôt sur les sucreries.

Ils m'ont apporté de beaux livres avec des images. Je les regarderai plus tard en écoutant ma grand-mère m'en lire les histoires.

La journée s'achève par l'arrivée joyeuse de nos trois compères : Jean, Yvon et Jean-Claude, les joueurs de cartes.

Le lendemain, nous sommes dans la remise. Je suis fascinée par la précision de ses gestes pour réduire une bûche en petits morceaux avec sa serpe utile au démarrage du feu. C'est impressionnant et cela témoigne de son expérience.

Quand il a terminé, il m'ordonne, d'un ton sévère :
- Je t'interdis de toucher à cet outil. Tu risques de te faire très mal, est-ce que tu m'as bien compris ?

Je lui réponds affirmativement en hochant la tête, mais une petite voix intérieure rebelle me pousse à braver l'interdit et à prouver ma capacité. Après tout, je ne suis plus une petite fille. Alors j'ose franchir les limites fixées par pépère. C'est le moment opportun. D'une main, je saisis l'objet coupant en levant le bras, et, de l'autre, je tiens le morceau de bois en le serrant de toutes mes forces. Un seul coup suffit pour me faire hurler de douleur. Dans mon empressement, j'ai oublié d'enlever mon doigt, laissé trop près du bord.
Je veux me cacher, mais c'est trop tard. Alertés par mes cris, mes grands-parents accourent, angoissés par mes pleurs et par la vue du sang.

Après un coup d'œil rapide, ils constatent que ma blessure est superficielle. À présent, leur colère remplace l'inquiétude et, bien évidemment, ils me grondent.

C'est décidé, je ne ferai plus jamais rien pour aider pépère.
Pour me distraire et m'empêcher de faire

des bêtises, il me raconte sa vie de soldat détenu en Allemagne à l'âge de 44 ans.
Le 20 février 1941, au bout de six mois, il est libéré. Je l'écoute attentivement quand il me détaille les plus durs moments passés là-bas. Pour son courage, en 1945, il reçoit des médailles et une barrette dont il est fier.

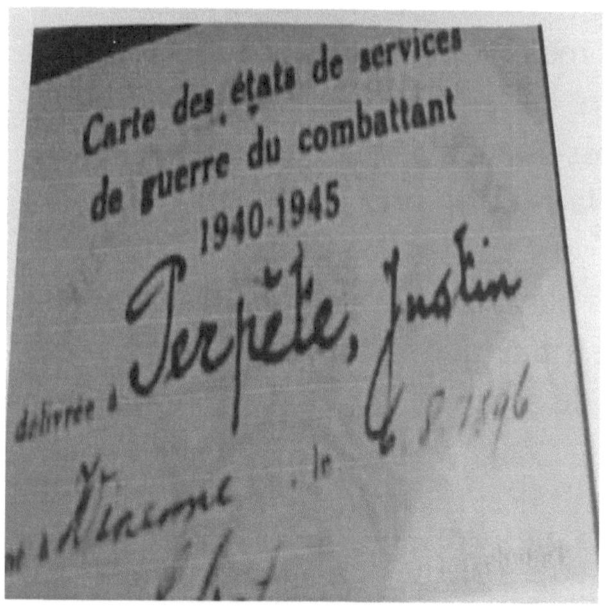

Mémère en profite pour nous relater un fait de cette époque :
- Un père de famille, absent depuis longtemps, est de retour au bercail.

Comme tous les prisonniers de guerre, il est très amaigri et meurt de faim. Sa femme, assez contrariée, cuit le dernier œuf qu'elle possède. De toute évidence, leurs enfants convoitent le maigre contenu de l'assiette.

Ils veulent tous avoir un petit morceau. La mère, prise entre deux feux, conclut :
- Si votre père ne mange pas tout, vous pourrez en avoir.

Nous rions de cette partie rocambolesque, mais nous restons conscients de la misère engendrée par l'invasion des ennemis.

Mémère prépare mon sac, qui a doublé de volume depuis mon arrivée, puisqu'elle l'a rempli de toutes sortes de douceurs.

Sans entrain, je la regarde tenter de le fermer, mais elle capitule : il est trop chargé.

L'heure du départ approche à pas de géant, j'ai l'impression de les abandonner, même s'ils le cachent bien. Je perçois les petites larmes qu'ils essuient discrètement.

Papa est venu seul et discute avec ses

parents en prenant le temps de boire sa tasse de café.
J'essaie de trouver des prétextes pour retarder la séparation, mais c'est inutile. Le cœur gros, je dois les quitter.

Le retour chez moi est loin d'être un havre de paix. Maman crie toujours autant sur Christine.

Je vais chercher refuge chez mes grands-parents maternels, Adelin et Alice, que j'appelle Nénène, vu qu'elle est ma marraine.
Leur habitation est en face à la nôtre, surplombant un large accotement pavé.
Elle s'emploie à être une bonne mère pour ses six enfants : Léonie, qui est ma mère, Josée, Nadine, Ginette, Alain, Jacky, et Annick, la plus jeune, qui a 10 mois de moins que moi. En fait, je suis sa nièce, plus âgée qu'elle !

Au premier rang: Jacky, Christine, Annick et moi, puis au-dessus, Nadine, Ginette et Alain.

J'ai de la chance, je suis invitée à manger avec eux le plat que j'adore : des pommes de terre, des poireaux et des lardons, assaisonnés d'un filet de vinaigre. L'ambiance joyeuse et taquine autour de la table contraste avec le silence de pépère. Sa nature peu loquace cache une personnalité réservée.

Chaque jour, je pars à l'école avec Annick et ses frères, un peu plus âgés que nous. Alain est peu bavard, tandis que Jacky prévoit d'appeler Marie Crochets si on ne

lui dit pas le nom d'un garçon qui nous plaît.
Ensemble, nous descendons la rue principale jusqu'à la place du Monument et prenons le sens opposé, car la mixité n'est pas encore officielle.
Nous arrivons enfin devant la grille de fer rouillée.

Mademoiselle C. est notre institutrice, elle s'occupe des trois classes féminines de gardienne (maternelle), tandis que madame B. supervise l'enseignement réservé aux garçons, plus indisciplinés et turbulents.
Dans la cour, les deux maîtresses rassemblent leurs élèves en file indienne.
En silence, nous devons former une ligne bien droite, sinon on ne rentre pas à l'intérieur.
On accroche notre manteau à la place du tablier obligatoire.
Le mien est en nylon jaune.
Mademoiselle C. enlève sa longue veste en cuir, qu'elle porte depuis toujours, et

j'attends qu'elle la pose sur un cintre pour
écouter le cliquetis des boutons.
Ses longs cheveux, relevés en chignon, lui
donnent un air sévère. Et elle peut l'être !

La classe de mademoiselle C.

Annick et moi au centre à droite

Elle nous inculque la discipline et le respect
des autres, d'une main de fer dans un gant
de velours, convaincue que sa pédagogie
nous sera bénéfique plus tard.
Au gré de notre imagination, on fabrique
des bijoux avec les perles colorées, en
écoutant roucouler ses deux tourterelles
enfermées dans leur cage.
Quand les plus petites s'endorment,
bercées par la musique qu'elle joue sur son

piano, on a le droit de jouer dans le bac à sable situé au fond de la classe, mais dès qu'on a fini, on doit tout ranger sous peine de réprimande. Elle apprécie l'ordre et la propreté ; j'imagine que son logement est le miroir de sa vie.

Le célibat lui a imposé la solitude qu'elle traîne depuis longtemps comme un boulet. Au bout du compte, elle a peut-être choisi de fonder sa propre famille au travers de nos yeux. Je présume que nous sommes les bambins qu'elle n'a jamais eus. Je l'admire, car elle ne fait aucune différence entre nous.
À midi, on s'empresse de rentrer en marchant sur les trottoirs, et en riant quand les plus farceurs sonnent aux portes en s'enfuyant.

Quand c'est le jour de la lessive, en général le lundi, ma mère n'a pas le temps de cuisiner. Alors, nous mangeons des tartines.
Pour les femmes, c'est un travail harassant. Tous les jours, matin et après-midi, elle me

donne un franc pour m'acheter des bonbons chez Eva.

C'est ma dernière journée avec mademoiselle C., cela m'attriste beaucoup.
Je cueille une rose dans le parterre de l'école et je lui offre pour exprimer mon affection et ma gratitude.
Elle me prend dans ses bras, les larmes aux yeux.
Ce geste est une belle conclusion à cette période passée sous son éducation pédagogique.

Et c'est reparti pour deux mois de vacances à Felenne.
Je suis fière de prendre le bus seule, surtout quand c'est Freddy qui conduit. Il plaisante tout le temps, mais j'ai remarqué qu'il fumait beaucoup.
Mémère m'attend à l'arrivée et pépère est déjà prêt avec un récipient pour la cueillette de fruits sauvages.
Il me donne chaud avec sa chemise en flanelle et ses bretelles par-dessus.

Arrivés sur place, je me goinfre de fraises, de myrtilles et de mûres, c'est trop bon !

- À cette allure, ton ventre sera plus vite rempli que le seau.
- Regarde, je te donne une grosse poignée de framboises, tu rouspètes tout le temps. Bien sûr, c'est parce que je ne les aime pas !
-Si tu continues, j'en connais une qui va se plaindre d'un mal de ventre.
- C'est ta faute, je meurs de soif.
- Maintenant, on rentre, j'en ai marre de tes gamineries.
- Ah, la bonne excuse ! disons que tu veux aller faire ta sieste.
Mémère pensait faire de la confiture avec notre récolte. Hélas !

Ce week-end, c'est la kermesse. Ernesto, le boulanger, fabrique un excellent pain vendu 11 francs belges (27 centimes d'Euro), emballage compris. Pour épargner 2 centimes, les ménagères réemploient aussi longtemps que possible le sachet qui protège l'aliment de base, et ce, jusqu'au

jour où le sac en plastique apparaîtra.
Durant la kermesse, il leur prépare et cuit la pâte des tartes, qu'elles garniront elles-mêmes de fruits frais ou en bocaux apportés par leurs soins. Sur les tables dressées devant sa boutique, elles décorent ces pâtisseries dans une ambiance conviviale, puis les emportent dans leur panier en osier.
Grâce à leur participation, elles ne déboursent que la moitié du prix réel. Chacun est donc satisfait d'y trouver son compte.

Durant cette période, le café est bondé de monde. Dès que les musiciens de la fanfare s'en iront après une pause bien arrosée, pépère m'a promis de m'emmener à la pêche aux canards et faire des tours de carrousel. J'espère attraper le pompon. En l'attendant, je fais des bulles de savon avec un décapsuleur, en évitant de mouiller ma belle robe.
De temps en temps, mes deux petites voisines, Jacqueline et Martine, viennent

me chercher pour jouer chez elles, mais je ne reste jamais longtemps. Il est hors de question que je laisse pépère tout seul. Ma priorité est de tenir compagnie à mon grand-père.

Le soir, nous arrosons le jardin, pépère avec le tuyau et moi avec l'arrosoir. Bien entendu, je suis toujours trempée de la tête aux pieds, mais peu importe, puisque, après, je vais prendre mon bain dans la grosse bassine ovale placée dans la cour, à l'abri des regards. Mémère la remplit d'eau chaude chauffée sur le gaz.

Après avoir enfilé mon pyjama, je me retire dans ma maison. C'est une pièce attenante au débarras où elle cuisine. J'adore cet endroit avec sa grosse cuisinière, une grande baie vitrée qui donne sur les parterres de fleurs où les dahlias dansent avec les bégonias, et les glaïeuls avec les tulipes, la machine à coudre, dont je casserai souvent l'aiguille, la fenêtre aux rideaux bonnes femmes en vichy rouge et blanc, et mon tableau, avec lequel je donne cours à des élèves créés de mon imagination.

Le lendemain, nous cueillons des groseilles, fruits rouges, juteux, tendres et acidulés, ainsi que les vertes qui poussent sur des arbustes épineux où je me pique souvent les doigts.
Avec ces fruits fraîchement cueillis, mémère fera de la confiture qu'elle versera dans des bocaux en verre. C'est beaucoup de travail, mais le résultat en vaut vraiment la peine.

Le soir, assise sur les genoux de pépère, il me livre que les saisons ont un surnom. Le printemps s'appelle Narcisse le courageux, parce qu'il a eu l'audace de chasser Polaire, le roi hiver, le plus impitoyable et polisson des quatre. L'été se prénomme Pétunia, la belle, pour sa nature colorée et sa chaleur, et l'automne est Tombe Feuilles Leroux, pour les feuillages qui changent de tons.

-Et la pluie, le soleil, le vent ?
- J'ai oublié, tu t'en rappelles, toi, Louise ?

- Oh non, ma mémoire ne remonte pas si loin dans mon enfance.

Je reste perplexe, je n'ai jamais entendu ça nulle part. Mais ils ne peuvent quand même pas avoir tout inventé.
Ils ne mentent jamais.

Quand je me lève le lendemain, pépère est déjà dans le verger. Je le rejoins en sifflant, naturellement, mémère m'avertit :
- Tu vas faire pleurer la Sainte Vierge.
- Et les garçons aussi, eux, ils sifflent tout le temps ?
Sans me répondre, elle retourne à ses tâches ménagères.

Deux petites filles nous espionnent à travers le grillage. Elles me font mal au cœur : leur mère n'arrête pas de crier, comme la mienne. Mais moi, j'ai une porte de secours. Je ramasse des prunes, des reines-claudes et des mirabelles pour leur donner. Il me regarde en souriant. Je pense qu'il est fier de moi, et j'en suis ravie.

Ensuite, il met l'échelle contre la remise, et j'ai le droit de monter sur le toit plat pour atteindre les cerises, elles sont délicieuses !

Comme la fin des vacances approche à grands pas, nous partons, mémère et moi, au marché en bus dans une commune.
Elle me montre une robe à fleurs bleues et une rose. Je dois choisir, mais comme j'hésite, elle prend les deux, et je l'embrasse. Elle continue son shopping, et nous rentrons après avoir passé une belle matinée.

Le lendemain, un homme entre dans le café avec des cartons. C'est le marchand de chaussures. Après avoir montré ses modèles, j'opte pour des noires brillantes. Elles font du bruit quand je marche, j'en raffole.

On rejoue la même scène quand je dois repartir, et ça me chagrine autant. Mais une partie de moi restera chez eux.

En chemin pour ma première
primaire

Nous sommes prêts tous les quatre, tous
beaux, habillés de neuf pour la rentrée
scolaire.
Jacky a puisé dans sa collection de clés
qu'il emmène à l'école. Je ne connais pas
toutes ses intentions, mais, à mon avis, il va
tester toutes les serrures.

Alain et Jacky

Le premier jour est banal.
Madame L. nous distribue le matériel scolaire et nous pose des questions afin de mieux cerner la personnalité de chacune.
À 16 heures, on s'en va, la mallette remplie de livres et de cahiers à recouvrir pour le lendemain avec le rouleau de papier fourni par l'école. Encore une corvée de plus pour ma mère, dont les moyens financiers modestes l'empêchent d'acheter des protections plastifiées, plus pratiques et moins salissantes, vendues dans la papeterie de Fifi.

N'ayant pas encore le droit de me servir d'un stylo, mon plumier est bien mince avec son seul crayon noir, la gomme et le taille-crayon.
On est assise par deux sur le même banc, devant chacune de nous, un vieux pupitre chargé d'histoires où les anciens élèves ont laissé une empreinte du passé, en gravant leurs initiales au porte-plume qu'il trempait dans l'encrier, déposé dans un orifice afin qu'il ne se renverse pas.

Nous apprenons à mémoriser des mots simples imprimés sur des bandelettes de papier, dans le but de les orthographier correctement. J'adore le cours de français, qui me permettra enfin de lire mes bandes dessinées. Je travaille d'arrache-pied pour être la meilleure, pour que mes grands-parents et parents soient fiers de moi. Le fruit de mon dur labeur me récompense en me hissant première du classement.

Ce jour-là, je pense avoir battu mon record de vitesse pour partager ma réussite et brandir le trophée de la victoire. Devant les commentaires encourageants laissés par Madame L, ils sont tous ravis et heureux.

Quelques jours plus tard, à notre grand étonnement, Carine nous rejoint. Bien qu'on soit nées toutes les deux le 3 avril, elle a un an de moins que moi. Elle a sauté la dernière maternelle à peine commencée. Cette progression rapide me rend perplexe, mais j'ai vite saisi que son intelligence et sa capacité à résoudre rapidement certains exercices me surpassent largement. Malgré tout, je continue à me battre et à donner le meilleur de moi-même. Pourtant, c'est insuffisant pour garder mon titre, qu'elle me rafle en trois coups de cuillère à pot.

Je pleure toutes les larmes de mon corps, découragée par tant d'efforts inutiles.

J'avance d'un pas et recule de deux pour retarder mon arrivée à la maison. Je franchis la porte, je lance le bulletin maudit sur la table. J'en veux à la terre entière, comme beaucoup d'autres d'ailleurs, à subir les conséquences d'avoir des parents moins instruits ou, simplement, par manque d'argent, ce qui nous désavantage.
Pour acheter ne fût-ce qu'un tube de colle, cet article indispensable pour nous faire gagner des points est remplacé chez nous par un mélange de farine et d'eau, une astuce néfaste pour l'adhérence des images sur les cahiers. C'est vraiment pitoyable.

Face à cette inégalité, je refuse de réintégrer l'école.

Bizarrement, maman me déculpabilise par des paroles rassurantes :

- Plutôt que de voir cela comme un échec, essaye de considérer l'arrivée de Carine comme une nouvelle motivation. Je suis fière de toi et tu devrais l'être aussi. Étant donné qu'elle est la fille unique de l'institutrice Madame B., cette dernière a du temps à lui consacrer. Il est normal qu'elle lui transmette un savoir que nous n'avons pas. Sois persuadée que nous faisons ce qui est en notre pouvoir pour t'épauler. Il te faut abandonner l'idée d'être toujours sur une des trois marches du podium. L'essentiel est ta réussite et non celle des autres.

Pour me récompenser, papa m'offre un nouveau bureau. Cela m'épargne d'agencer un coin de table constamment encombré de bric-à-brac laissé par Christine. Grâce à lui, j'ai mon espace personnel, qui me plaît vraiment. Il se préoccupe de mon avenir et m'encourage à me tourner plus tard vers un emploi d'institutrice, en m'énumérant tous les avantages qu'il procure. Mais pour l'instant, je suis trop jeune pour y penser.

Bien que ma motivation ait disparu, je resterai deuxième toute l'année ainsi que la suivante. Sauf la troisième, où je suis tombée malade.
À cause d'un rein endommagé par l'albumine, une protéine naturelle fabriquée par le foie présente dans le sang qui est passée dans les urines, j'avais perdu ma vitalité et l'appétit.

Pour améliorer notre quotidien, ma mère a ouvert un magasin d'alimentation sous l'enseigne de la marque Végé. Afin de mieux surveiller mon état de santé, elle installe mon lit dans le salon. Les assaisonnements comme le sel et le vinaigre sont proscrits de mon régime. Je dois dire adieu aux petits cornichons de papa.

Un soir, une voisine m'apporte de la soupe et insiste pour que j'avale ce bouillon sans saveur, avec la promesse de compléter ma série Betty et Billy Boule, mes albums préférés.
Si j'avais su, à ce moment-là, qu'un événement tragique surviendrait à Felenne, je me serais laissé dépérir.

Quelques semaines plus tard, en meilleure santé, je retrouve enfin les murs de mon école où l'accueil chaleureux de mes amies me touche profondément.

J'apprécie aussi la gentillesse et la patience de madame L., qui me donnera des leçons de rattrapage à son domicile le mercredi après-midi. Grâce à son aide, je passe en 4ème année.

Expérience douloureuse

Aujourd'hui, c'est papa qui m'emmène profiter du bon air durant deux mois. Il doit donner un coup de main à pépère pour laver les plafonds avant de les repeindre. Sur le trajet, il me parle de sa jeunesse et m'explique que son père était sévère avec lui et ses deux frères, René qui habite à la frontière allemande avec Sophia, sa femme, Rita et Edith, leurs filles, et Georges qui vit à Felenne avec Hilda et leur fils Serge.

Papa s'appelle Roger, un soir de bal, il attendait le feu vert de son père pour y aller, mais après l'avoir fait poireauter longtemps, ce dernier a refusé sa sortie sans lui donner de raisons.

Pendant qu'ils s'affairent, je pars jouer avec Gérard, le fils de Marguerite, l'enseignante du village mariée à Jacques, cousin de mon père.
Ils vivent dans la grande maison à côté de celle de mes grands-parents. Les classes et

la cour de récréation se trouvent à l'arrière de leur bâtiment, face à la fenêtre du salon où mémère adore épier les gamins en critiquant leurs mauvais comportements ou en les complimentant.

Fin juillet, cet après-midi-là, il fait très chaud. Malgré la haute température, la casquette sur la tête, pépère cimente les joints détériorés sous le préau. Il profite des congés scolaires pour rafraîchir et rénover le sol. Je l'épie en écossant les petits pois. Le silence me fait réagir : il n'est plus là. Ouf ! il est reparti se reposer sous le cerisier, et j'attends un peu avant de le rejoindre pour qu'il profite de sa sieste.

D'un pas décidé, je préviens Marguerite de mon départ, mais, curieusement, elle m'empêche de m'en aller.
Brusquement, elle sort sans avertir Jacques, que je rejoins sur le canapé. Il fait des mots croisés dans son journal, et j'accepte de l'aider à remplir les grilles. Mais ma nervosité grandit au fur et à mesure que s'écoulent les minutes qui me séparent de

pépère.

Des bruits de talons résonnent dans le
couloir. Elle s'avance vers moi, confuse et
larmoyante.
Je suis troublée par ses tremblements et
ses yeux rougis.
Elle s'agenouille à ma hauteur avant de
m'informer de la plus terrible nouvelle :
- Maintenant, tu peux y aller, mais avant, tu
dois savoir qu'il est arrivé quelque chose
de grave à ton grand-père.

Je panique, et, sans réfléchir, je file à toute
allure.
Elle me talonne et me supplie de l'attendre,
mais je dois savoir, je dois le voir... Et je l'ai
vu, assis dans le fauteuil de mémère, un
torchon noué autour de sa tête. Je pense
qu'il me joue un tour à sa façon, mais peu
à peu, je réalise qu'il ne plaisante pas.
J'assiste à une scène paisible et inoubliable.

Mémère pleure, en lui caressant
tendrement le visage, et, malgré cela, ses
yeux restent clos.

Il faut que je l'embrasse pour le réveiller,
seulement elle m'en empêche. J'ignore ce
qui se passe exactement, quand soudain,
elle prononce des mots à peine audibles,
sans articuler comme un ventriloque :
-Pépère est mort, il est monté au ciel, au
paradis.
- Tu te trompes, mémère, regarde, il est
toujours là !
C'est donc cela, la mort. Il s'est laissé faire,
et elle l'a eue. J'aurais pu l'attraper ce
matin d'hiver, quand il m'a demandé de
me couvrir pour la repousser.
C'est ma faute si elle lui a fait du mal. Si je
lui avais désobéi, il serait encore parmi
nous.

Marguerite m'apprend que le linge autour
de sa tête est pour garder sa bouche
fermée et que c'est mémère qui l'a trouvé
étendu sur l'herbe, suite à une crise
cardiaque.

Je réalise que, dorénavant, je devrai
avancer sans lui. Mais c'est impossible et
inconcevable.

Mes parents sont arrivés. Je m'effondre dans les bras de papa, enfermé dans un mutisme en apprenant la perte de son père. En attendant l'arrivée des proches, il réconforte mémère, comme il le faisait quand il était petit. Mais aujourd'hui, c'est à son tour de lui prendre les mains et de les serrer entre les siennes pour s'unir dans le même combat.

Je monte dans la voiture sans me retourner sur ce monde où il n'existe plus. Je garde pour moi le plus merveilleux chapitre de notre livre inachevé.
Les adultes soupçonnent à peine l'épreuve que je traverse en silence. Ils pensent évidemment que leur tristesse est plus intense que celle d'une enfant de 8 ans. Malheureusement, ils se trompent : je souffre.

Cette cruauté du sort s'est permise de nous anéantir sans la moindre empathie, détruisant tous ceux qu'elle touche. Puis, la tête haute, elle s'en va faire souffrir ailleurs, et l'on prie pour qu'elle ne revienne jamais.

Les adieux

Après trois jours sans parler, je dois de nouveau faire face à l'inconnu. J'aimerais retourner dans le passé et appuyer sur la touche pause pour revivre à nouveau les longues promenades avec mon grand-père et lui dire combien il comptait pour moi. Ces souvenirs resteront un trésor que personne ne pourra m'enlever.

Plus je me rapproche de la porte du café, moins mon envie de la franchir augmente. Je ne sais pas ce qui m'attend derrière. Personne ne m'a expliqué. En fait, ce devrait être un endroit déconseillé aux enfants. Je prends une grande inspiration et j'entre.

Je reste figée, choquée. Même mon esprit d'invention n'aurait pu imaginer ce que je vois. Pépère porte son beau costume, allongé dans un grand coffre posé sur deux tables dissimulées par un drap sombre. Les poignées fixées dans le bois brillent sous la lueur des chandeliers placés de chaque côté, apportant un peu de chaleur et de clarté à ce décor lugubre.

Son chapelet est enroulé entre les doigts de ses mains croisées devant lui. Je ne sens plus l'odeur de son eau de toilette "Tabac" qu'il aimait.
Il n'a jamais découvert que je me servais de son parfum en cachette.
Ce n'est pas cette image-là que je voulais conserver de pépère, mais je photographie des yeux ce visage pâle, dont je garderai certainement le négatif au plus profond de mon être. Et pourtant, je veux garder l'étincelle de vie et de connexion que je partageais avec lui.

Il n'a pas mérité de finir comme une sardine inerte et serrée au fond d'une boîte.

Plus rien n'existe autour de moi. Je voudrais crier pour que le monde entier entende ma douleur ou pleurer pour la noyer une bonne fois pour toutes, car je dois traverser cette calamité sans secours.

Des rideaux foncés et opaques, brodés d'une grande croix dorée, divisent la pièce et recouvrent les murs. J'ai la sensation d'être à l'intérieur d'un poêle à charbon où tout est noir, jusqu'aux vêtements des gens qui sanglotent. Je ne distingue pas le visage des femmes, cachés par une voilette fixée à leur chapeau. L'atmosphère morose et les odeurs de fleurs mélangées entre elles me donnent la nausée.

Je tiens le bras de papa, qui me suggère de sortir avec lui.
On marche comme des robots dans l'allée du jardin. On s'assoit sur le muret près de la serre où pépère faisait la guerre aux mauvaises herbes. C'est la première fois que je vois mon père aussi abattu. Son air malheureux s'ajoute et alourdit ma peine d'un poids supplémentaire. Il prend un paquet dans la poche de sa veste, il tremble en voulant allumer une cigarette. Il me semble que la première bouffée le décompresse, mais c'est éphémère. L'air est pesant, nos fronts perlent de sueur, et

pourtant on reste là, immobiles, et muets.

Le capitaine a quitté le port sans son
équipage, emportant avec lui sa boussole,
qui nous orientait vers la bonne direction. Il
va falloir trouver une nouvelle façon de
naviguer sans son étoile polaire.
Quand nous regagnons la famille, le
couvercle du cercueil est fermé. Comme les
autres, je le bénis avec le goupillon...
Il quitte sa maison pour toujours, c'est fini.

Précédés du curé et des enfants de chœur,
ses amis le portent lentement jusqu'à
l'église où la messe sera célébrée en son
honneur. Ensuite, on se dirige vers le
cimetière, son ultime voyage.

Après avoir franchi des grilles, j'aperçois un
oiseau perché sur une branche cassée
posée sur le sol, là où pépère va reposer.
J'imagine qu'il chante pour accueillir et
souhaiter la bienvenue au nouvel arrivant.
Cet endroit est simple, un grand carré
d'herbe bien entretenu, où les gens
viennent se recueillir et fleurir les tombes

de ceux qu'ils ont perdus.
Sa dernière demeure est un caveau en pierre bleue, qu'ils ont acheté mémère et lui quelque temps auparavant. Ils ont choisi cet emplacement bien situé à l'ombre sous les arbres.

De retour, le bistrot a repris son apparence initiale, une voisine a dressé les tables pour tous ceux qui désirent prendre un café et manger le pain des morts (brioche en forme de couronne). Il est hors de question que j'avale cette pâtisserie : rien que le nom me donne froid dans le dos.

Mémère est bien entourée, c'est pourquoi je décide de repartir chez moi. J'ai besoin de retrouver mon espace, où je pourrai peut-être mieux faire face à mon chagrin, loin des rappels contant de l'absence.

Je reviendrai à Felenne, mais ça c'est une autre histoire !

Epilogue

Née le 3 avril 1957, Fabienne Perpète a vu le jour à une époque où l'insouciance de l'enfance se mêlait aux bouleversements sociétaux d'une Belgique en pleine mutation. En revisitant les chapitres de sa vie, on découvre une petite fille qui, dans les bras de son grand-père, apprenait les leçons les plus précieuses de l'existence. Leur complicité était un jardin secret où l'amour fleurissait, où les histoires s'entremêlaient et où les rires résonnaient comme une mélodie douce et réconfortante. Ces moments partagés ont été les fondations sur lesquelles Fabienne aurait édifié sa philosophie de vie. Au fil des ans, elle a appris à embrasser le concept de lâcher-prise. Ce lâcher-prise, elle le devait en partie à son grand-père qui lui répétait qu'il fallait savoir laisser les choses s'écouler comme une rivière sans jamais s'accrocher aux rochers qui pourraient entraver son cours. Cette sagesse, elle l'a intégrée comme une seconde peau, lui permettant de traverser les tempêtes de la vie avec grâce et sérénité. Fabienne a compris qu'il était essentiel de se libérer des fardeaux qui alourdissent l'âme, d'accueillir les imprévus avec un sourire et d'avancer sur le chemin de l'existence avec une légèreté empreinte de gratitude.

L'héritage que Fabienne laisse derrière n'est pas seulement constitué de souvenirs ou de réalisations, mais surtout d'une empreinte indélébile d'amour. Elle a su tout au long de sa vie semer des graines de bienveillance et de compassion. Son engagement à donner sans rien attendre en retour a transformé son entourage. Chaque geste, chaque parole, chaque acte de générosité témoigne d'une profonde compréhension de la nature humaine. Fabienne a su créer les liens authentiques, bâtissant un réseau de relations tissé d'affection et de respect où chacun se sentait valorisé et apprécié.
À l'aube de ses 68 ans, Fabienne se tient à

un carrefour, un point de rencontre entre le passé et l'avenir. Elle se remémore son enfance heureuse, ces instants gravés dans sa mémoire et réalise que chaque pas sur ce chemin l'a conduite à une compréhension plus profonde de l'amour. Ce sentiment éphémère et éternel à la fois est la véritable essence de son existence. Elle a appris que l'amour dans toutes ses manifestations est le fil conducteur qui relie les âmes, transcendant le temps et l'espace.

Fabienne Perpète nous laisse un message clair et poignant, l'amour dans sa plus pure expression est le plus beau des héritages. Que chacun d'entre nous, à son image, cherche à laisser une trace d'amour sur ce monde, à donner sans compter et à cultiver la joie simple de partager. Voilà le legs inestimable de Fabienne, une invitation à vivre pleinement et à aimer sans réserve.

"L'amour est le fil invisible qui relie les âmes, transcendant le temps et l'espace. À toi, pépère, qui m'as appris à voir la beauté dans les choses simples et à avancer avec légèreté."

© 2025 Fabienne Perpète
Édition : BoD · Books on Demand,
31 avenue Saint-Rémy, 57600 Forbach,
bod@bod.fr
Impression : Libri Plureos GmbH,
Friedensallee 273, 22763 Hamburg
(Allemagne)
ISBN : 978-2-3226-2219-1
Dépôt légal : Mai 2025

FSC
www.fsc.org
MIXTE
Papier issu
de sources
responsables
Paper from
responsible sources
FSC® C105338